Lg6 73

RELATIONS DE LA VENVE, ET ENTREE SOLEMNELLE EN la ville de Rome au 25. du mois de Nouembre 1608.

XVIII

BIBLIOTHECA REGIA ... IMPR.

De Tres-illustre & Tres-magnanime Prince Charles de Gonsague, de Cleues, Duc de Neuers & de Rethelois, Pair de France, Prince souuerain d'Arches, Prince de Porcian, Marquis d'Isle, Comte de Sainct Manuldes, Gouuerneur & Lieutenant general pour sa Majesté Tres-chrestienne aux Prouinces de Champagne & Brie.

Traduictes d'Italien en François sur la copie Imprimee à Rome, chez Iaques Mascardi en l'annee 1608. Par L. S. D. D.

A PARIS.

Par FRANÇOIS HVBY, rue S. Iaques au soufflet verd deuant le College de Marmoutier. Et en sa boutique au Palais deuant la porte de la saincte Chapelle, joignant la salle des Merciers.

M. DC. IX.

Auec priuilege du Roy.

Lg 6 73

Extraict du Priuilege du Roy.

PAr grace & priuilege du Roy, il est permis à François Huby, maistre Imprimeur & marchant Libraire en l'vniuersité de Paris, d'Imprimer ou faire imprimer & exposer en vente vn liure intitulé, *Relations de la venue, & entree solemnelle en la ville de Rome au 25. du mois de Nouembre 1608. De Tres-illustre & Tres-magnanime Prince Charles de Gonsague, de Cleues, Duc de Neuers & de Rethelois, Pair de France, Prince souuerain d'Arches, Prince de Porcian, Marquis d'Isle, Comte de Sainct Manuldes, Gouuerneur & Lieutenant general pour sa Maiesté Tres-chrestienne aux Prouinces de Champagne & Brie. Traduites d'Italien en François sur la copie imprimee à Rome, chez Iaques Mascardi en l'annee 1608. Par L. S. P. D.* Et ce iusques au terme de six ans finis & accomplis, à compter du iour que ledit liure sera acheué d'imprimer. Pendant lequel temps, deffences sont faictes à tous Imprimeurs, Libraires, & autres de quelque estat, qualité ou condition qu'ils soyent de non imprimer, vendre, contrefaire, ou alterer ledit liure, sur peine de confiscation des exemplaires, & de quinze cens liures d'amende applicables moitié au Roy, & moitié aux pauures de l'hostel Dieu de ceste ville de Paris, despens dommages & interests: Nonobstant toute Clameur de Haro, Chartre Normande, Priuileges, lettres ou autres appellations formees à ce contraires faites ou à faire. Donné à Paris le 7. de Ianuier, 1609.

Par le Roy en son Conseil,
Signé, BRIGARD.

Acheué d'imprimer le huictiesme de Ianuier, 1609.

A TRES-ILLVSTRE ET TRES-EXCELLENT SEIGNEVR, LE SEIGNEVR Alexandre Comti Sforza, Duc de Segni, Prince de Valmontone, Comte de Saincte Fleur, Marquis de Procene, & Cheualier des deux ordres de sa Majesté Tres-Chrestienne.

La dedication de ceste fueille ne pouuoit mieux apartenir qu'a vostre excellence, veu que vous estes Cheualier de ce grand Roy, qui en armes deuance tous les autres du Monde, & que vous estes si ardemment affectionné à ceste guerriere Nation, qui au iugement des mesmes Pontifes Romains, Est l'inexpugnable rempart de la Saincte Eglise, & le Carquois qui est ceinct au flanc de Christ, d'ou il sort les sagettes pour foudroyer les peuples barbares & idolatres. Où par ce moyen il estoit bien raison que Rome se fit voir auec d'extraordinaires signes de resiouyssance & de pompes, à l'arriuee & a la veuë d'vn si grand Prince, accompagné de tant de Seigneurs de marque, & de Gentilshommes pour rendre l'obedience deuë au sainct Siege, lequel tant de fois auec tant d'armees, & tant de sang à esté maintenu & deffendu par leur armes. Que donques vostre Excellence accepte en vn petit present le grand desir de celuy qui le donne, & tout ainsi qu'elle à esté vne noble partie de ce triomphe & gloire Fraçoise, que de mesme auec la generosité d'vn Sforze, elle daigne me faire part de sa grace, en m'aimant & m'honorant. De Rome le dernier de Nouembre 1608.

De S. E. Tres-illustre

Le tres humble seruiteur

Georges Portio.

RELATIONS DE LA VENVE ET ENTREE SOlemnelle en la ville de Rome, au 25. de Nouembre. 1608.

De Tres-illustre & Tres-magnanime Prince Charles de Gonzague, de Cleues, Duc de Neuers, & de Rethelois, Pair de France, Prince souuerain d'Arches, Prince de Porcian, Marquis d'Isle, Comte de Sainct Manuldes, Gouuerneur & Lieutenant General pour sa Maiesté Tres Chrestienne aux Prouinces de Champagne & Brie.

LA toute puissante main de Dieu n'eust pas plustost coloqué au siege de sainct Pierre, & faict Vicaire de Iesus Christ, & chef visible de la saincte Eglise, le tres-sainct Pontife Paul cinquiesme de la patrie Romaine, & auparauant apellé Camille, de l'antique & noble famille de Borguese, que la renommee & l'allegresse s'en respandirent par toute la Chrestienté, chacun esperant que d'vne si noble & si sainte eslectiõ, les foudres de la guerre qui de toutes parts menaçoient la saincte Eglise, se chãgeroient bien tost en la serenité d'vne paix tres-belle & tranquile, & qu'ainsi la Nauire de sainct Pierre, conduitte par vn Nocher si experimenté, ne craindroit les orages & les tempestes des ennemis du nom Chrestien en ce grand Occean du Christianisme si souuent esmeu & agité.

A ceste occasion les Princes Chrestiens, & particulierement la Majesté du tres grand & tres victorieux Monarque Henry IIII. par la grace de Dieu Roy de France & de Nauarre, entendant que par des particuliers signes de l'assistance du sainct Esprit, & parmy vne tres-grande vnion & resiouïssance des Cardinaux & de tout le peuple Romain, sa Saincteté auoit esté esleüe souuerain Pontife; pour se montrer vrayement tres-Chrestien & premier fils de la saincte Eglise, determina aussi tost des Ambassadeurs, pour le recognoistre pour Pere & Pasteur, & pour s'esiouyr auec luy de tant de dignité, luy offrant le Royaume, & soy mesme en armes pour la deffence de la bergerie de Christ, & l'animant à correspondre à l'esperance que tout l'Vniuers auoit desia conceuë en la contemplation de ses rares & sainctes vertus.

Despuis à des Ambassades si nobles, fut esleu de sa Majesté Tres-chrestienne, auec meure consideration, le Tres-illustre & tres-magnanime Prince Charles de Gonsague de Cleues, Duc de Neuers, Prince qui pour la grandeur de son extraction, generosité de courage & valeur aux armes, peut esgaler tout autre de la France vray seminaire d'hommes belliqueux & illustres. Et pour vray il ne falloit pas autre qu'vn Ambassadeur si remarquable pour estre enuoyé à vn Pontife si grand.

Ce Prince estant doncques licencié de la Cour & ayant faict voile à Marseille pour tirer vers l'Italie, accompagné de quatre galleres de France, & d'vne nombreuse suitte de Seigneurs & Gentils hommes François, fut en son voyage Royalement rencontré, caressé, & receu à Sauone & à Genes, au nom de ceste Republique, auec maints salues de canons & d'arquebuses & de troupes de soldats, ayant esté en apres introduit au Senat & rencontré en iceluy de quatre Senateurs au pied de la montee, & mesmes du Duc qui le recueillit auec tout honneur & magnificence qu'il estoit possible.

Estant arriué au dix-huictiesme du Mois de Nouembre à Ciuita-vecchia, & salué de la Citadelle auec vn extraordinaire multitude de canonades, il fut receu des personnes commises du Pape, auec vn appareil vrayment Royal, sa Saincteté ayant expressement commandé, qu'en la reception & au logement d'vn si grand Prince, on n'eut esgard à aucune despence ny autre chose que ce fust.

Quelques iours auparauãt ceste arriuee estoient venus en ladicte ville pour saluer & bien veigner ce Prince, le Seigneur Fabio de Gonzague, l'Agent de Mantoue, le Seigneur de Nazat, l'Abbé d'Aumale, & le Maistre d'Hostel de Monsieur de Breues qui pour sa Majesté Tres-Chrestienne, est Ambassadeur resident en ceste Cour, s'y estant portez auec vn fort grand nombre de carrosses de campagne : lesquels Seigneurs furent cherement recueillis & bien veuz du Prince, qui sur le depart voulu faire vn present de cent doubles d'Espagne, & d'vne chaine d'or du poids de deux cens escus, à chascun de ces Seigneurs qui au nom du Pape l'auoient si explendidement recueilly, mais cela ne fut point accepté d'eux, bien que plusieurs fois ce Prince les en pria, auec vne instance vrayment Françoise, & par ce moyen vuide de toute scrupule de cõpliments courtisanesques.

De là estant venu à Braciano, il fut auec beaucoup de splendeur receu & logé au nom du Seigneur Don Virginio Orsiõ, qui n'estãt pour lors à Rome, ne le peut faire de presence, & là il fut rencontré de Monsieur de Breues, du Marquis de Malateste, de l'Euesque d'Aurages, & monsieur de Marchemont, auec vn grand nombre d'autres Euesques, Prelats, Seigneurs & Gentils-hommes Frãçois, & de plusieurs de la Noblesse de Rome.

Puis apres par les chemins iusques sur les portes de Rome, ce Prince eust au rencontre presque tout le peuple de la ville, & en particulier le Seigneur Sforce Duc de Carpineto, Marquis de Pallauicino, & le Seigneur Marc Anthoine Victorio neueu du Pape, & venu au nom de sa Sainctete, pour le saluër, lequel il recueillit tous, & particulierement cestuy-cy auec vne courtoisie extraordinaire, estant descendu à terre pour le receuoir, & apres pour l'honorer d'auantage le faire entrer au mesme carrosse.

Ces Cardinaux luy enuoyerent encore au deuãt leurs Maistres d'Hostel, & beaucoup de leurs propres neueux & parens pour faire les complimẽs à ce Prince. Comme fit aussi le tres-illustre Cardinal Borguese, le Seigneur Ambassadeur d'Espagne, le tres-excellent Seigneur le frere de sa Saincteté, & tous les autres Ambassadeurs des Princes & grands Seigneurs de ceste Cour. Or le nombre des Gentils-hommes & Seigneurs à cheual estoit si grãd, & telle la presse des carrosses, le flux & reflux du peuple qui alloit & venoit par ces rues, que vous auriez dit que Rome elle mesme s'estant sousleuee de ses propres fondemens, s'estoit dressee par vn extraordinaire signe d'allegresse pour honorer & loger vn si grand Prince.

Mais entre tous les rencontres, apparut du tout noble & magnifique celuy qui se fit à ce Prince, par les Tres-illustres Cardinaux Gallo, Beuilacqua, Delphino, & Seraphin, dans le carrosse duquel ils allerent presques iusques au Pontemole pour le receuoir, lequel dés qu'il les eust veuz, il descendit soudain à terre, & les rencontrant, il s'inclina & les remercia auec des paroles conuenables & d'amoureux signes de remerciemens & de graces, & apres auoir acheué quelques propos de briefs compliments, & de repliques d'vne part & d'autre, ces Cardinaux voulurent que le Prince, & ensemble Monsieur de Breues, le Duc Sforce, & le Seigneur Marc Anthoine Victorio entrassent en leur carrosse, le Tres-illustre Cardinal Seraphin, donnant le propre lieu au Prince, afin d'honorer d'auantage sa personne en ceste premiere entree, laquelle fut en la maniere que s'ensuit.

Au deuant du Prince alloit vn sien trompette, puis venoient vingt arquebusiers à cheual de sa garde ordinaire, en rang de deux en deux, ayãt les casaques de velours iaune, auec des croix de toile d'argēt à l'endroict de la poitrine, & ayant aux manches & chausses descarlatte des larges passemens d'argent. Apres suiuant le mesme ordre venoiét douze pages à cheual, & apres vne troupe de gentils-hommes de son seruice, & finalement ce Prince venoit au milieu de ces quatre Illustrissimes Cardinaux tres-richement vestu, ayant en suitte vn tres-grand nombre de carrosses à six cheuaux, dans lesquels estoient les principaux seigneurs de sa suitte, & presques aussi toute la noblesse Romaine, outre vne infinie quantité d'autres coches & carosses : Le peuple & plusieurs Cardinaux & Seigneurs, s'estans portez aux lieux pour voir ce Prince, bien qu'en ceste façon il entroit priuement & inconnu.

Le Prince estant descendu au Palais de monsieur de Breues, qui à cest effaict auoit esté Royalement accommodé, & s'y treuuant begninement recueilly, & apres auoir accompagné iusques à la porte, les susdits Cardinaux, & plusieurs autres qui estoient venus pour se resiouyr auec luy pour son heureuse arriuee, il passa soudain auec Monsieur de Breues, le Duc Sforce, le Duc de Carpineto, l'Euesque d'Auranges, monsieur de Marchemont, & le seigneur Abbé d'Aumale pour aller visiter sa saincteté, laquelle le caressa extraordinairement, l'estreignant plusieurs fois tendrement au sein, & luy faisant ainsi tant d'accueils & de faueurs signalees, qu'elle monstra bien clairemét que la venë de ce Prince luy auoit esté infiniement agreable, lequel apres auoir laissé ainsi nostre sainct Pere, s'en alla visiter le tres illustre Cardinal Borguese, & le tres excellent seigneur le frere de sa Saincteté, desquels ils fut caressé & honoré en toute façon.

Le Prince estãt retourné en son logis, fut attentif à receuoir priuement les visites de presques toute ceste Cour : estant tous les iours ensemble auec les principaux seigneurs qui estoient venus de France auec luy, largement & pompeusemẽt festoyé chez Monsieur de Breues son hoste : Cheualier de tel merite que vrayemẽt on peut dire qu'il est né pour traiter des affaires d'estat, & qui s'est rendu celebre par deux ambassades aux deux plus grands Potentats du monde. Mais tandis on appareilloit les choses plus necessaires qui deuoiẽt seruir à la solemnelle entree de ce Prince, laquelle s'ensuiuit au vingtcinquiesme suyuant, auec l'ordre qui se dira.

Toute la ville estoit couruë à ce Royal & nouueau spectacle, les ruës estans pleines de carosses & de peuples, & les fenestres & les portiques de Princesses & de dames : lors que de la porte que l'on apelle Angelique, par où l'on faict d'ordinaire les entrees solemnelles des Ambassadeurs de France & des Empereurs, comparurent soixante mullets chargez de diuers bagages, auec de tres-belles couuertes en broderie de soye de diuerses couleurs : entre lesquelles douse qui estoiẽt de velous cramoisi paroissoient d'vne beauté admirable, pour la grande abõdance de l'or & de l'argent, varieté de couleurs & richesses de broderie, qui brilloient en elles, ayant chacune les armes & les deuises du Prince, auec les doubleures de satin cramoisi & des franges d'or tout à l'entour.

Outre que tous les mulets estoient ferrez d'argẽt, ayant aussi les testieres, les lunettes, les billes & autres harnois de pur argent ; & sur la teste de grandes masses de plumes de diuerses couleurs : & mesmes au lieu de cordages ou liens de chanures, rien autre que de tres-riches cordons de soye cramoisie.

Les deux compagnies des cheuaux legers de la garde de sa Saincteté marchoient apres auec leurs Archers au deuãt, & apres les mules des Cardinaux venoient en nombre de quarãte, auec les housses ou auant-draps d'escarlate & de fourniture pontificale, les Palefreniers portans au derriere des espaules les chapeaux rouges suiuant la coustume obseruee en des solemnitez semblables.

Trois trompettes du Prince alloient apres, vestus de pourpoincts de drap iaune, bordé de large broderie de soye noire & blanche, & portans de chapeaux noirs fourrez de taffetas armoisin iaune, & embellis de diuerses plumes : Apres suiuoient les vingt harquebusiers de ce Prince, conduits de Monsieur de la Chapelle leur Capitaine. Les Pages de Monsieur de Breues estoient à costé, vestus de leur liuree de velours vert, & suiuis de ceux du Prince qui portoient leurs chausses, leurs casaques, & leurs capots de drap iaune, auec de larges bandes de broderie de soye noire & blanche, & ayant les pourpoincts de satin iaune, & les chapeaux noirs fourrez d'armoisin de mesme couleur des pourpoints, auec des panaches estofez de plumes de diuerses couleurs. Et suiuoient apres les principaux courtisans des Cardinaux, & plusieurs gentils-hommes Romains richement vestus, & au nombre de deux cents.

Apres on aperceut venir de deux en deux en belle ordonnance, sur de tres genereux cheuaux, quatre vingts gentils-hommes François, vestus vne partie de draps tres-fins, & en partie de velous rais de cou eur d'Isabelle, garnis espaissement de larges passemens d'or, auec des chapeaux de castor, de la mesme couleur, chargés de tres belles plumes blanches, & de tres-riches ioyaux de diamans, ayans de grosses chaines d'or au col, l'espee doree, & les ceintures & pendans en broderie d'or & de perles : les gentils hommes estans ainsi sans manteau à l'vsage de France, ce qui faisoit paroir vne montre du tout braue & superbe. Surquoy la ville de Rome qui n'est pas accoustumee à s'esmerueiller de semblables nouueautez, neantmoins à ce coup, elle demeuroit toute rauie en l'obiect d'vn si pompeux spectacle, possible se ramenteuant que telles pouuoient estre les pompes, auec lesquelles ses antiques hommes illustres souloient paroistre glorieux, alors que reuenans victorieux de la guerre, ils triomphoient des peuples barbares, & des ennemis dont ils auoient remporté les despouilles & la victoire.

D'autre part venoient quarante de ces Barons & Signeurs de France, & apres marchoient les trompettes du Palais, & quatorse tābours du Senat Romain, auec les pourpoints de couleur rouge, suiuāt l'ordinaire, & venoit apres en bel ordre la famille de l'hostel de sa Saincteté, de laquelle les officiers estoient tous vestus de rouge au nombre de soixante, & apres ceux-cy, venoit à cheual vn nombre des principaux Barons Romains, qui estoient suiuis de quatre gentils-hommes de l'Ambassadeur d'Espagne, tres richement vestus, apres lesquels venoiēt vingt Seigneurs François, vestus de velous rais, de couleur d'Isabelle, couuerts de broderie & de passemens d'or, les chapeaux entichis de tres-belles enseignes de pierreries, & de panaches blancs, auec vne grande quantité de diamans aux cordons: Les noms de ces ſeigneurs ſont comme s'enſuit.

Le Comte de Tonnerre,
Le Marquis de Renel,
Le Comte de Vignory,
Le Marquis d'Aſcerac,
Le ſeigneur de Mont-luc,
Le Viſcomte de Bordes,
Le Viſcomte de Tallar,
Le Viſcomte de Rabat,
Le Baron de Briſſac,
Le ſeigneur Docquaire,
Le Baron de Verepel,
Le Baron d'Aniſy,
Le Viſcomte de Celles,
Le ſeigneur du Pont,
Le ſeigñr d'Armétieres,
Le Baron de Ragny,
Le Baron de Mauiſieres,
Le Baron de Cornac,
Le Viſcomte de Morſeu
Le Baron de Rugny.

Apres ceux-là, outre le ſeigneur Fabie de Gonſague, & le ſeigneur Marc-Anthoine Victorio, eſtoiét en ſuitte pluſieurs Ducs, Marquis, Comtes, & preſque tous les ſeigneurs & gentils-hommes Romains qui portent tiltre, entre leſquels ont aperceu en vne tres-belle montre le Duc Sforce, ayant vne enſeigne de diamans au chapeau, & au col vne chaine d'or enrichie de pierreries de tres grande valeur, eſtant au reſte veſtu fort ſumptueuſement à ſon ordinaire. Les Maſſiers du Palais ſuiuoiét apres auec leurs ordinaires maſſes d'argent, & apres venoit à cheual l'excellence du ſeigneur Iean Batiſte Borgueſe, frere du Pape, apres lequel marchoient en rang les Suiſſes de la garde de ſa Saincteté, & au milieu cheminoient douze palefreniers du Prince, tous veſtus de drap jaune, auec des caſaques, manteaux, & chauſſes couuers de maintes larges bandes de broderie de ſoye noire & blanche, ayans les pourpoints de drap iaune, bas de chauſſe & iartieres, & nœuds de ſoye de la mesme couleur, l'espee doree, les chapeaux noirs fourrez d'armoisin iaune, embellis de plumes de diuerses couleurs : estans encore six Suisses du Prince, vestus aussi de la mesme liuree : mais toutesfois auec leurs habits accoustumez, & sans aucun manteau. Deux Mores venoient apres, vestus de pourpoints de damas rouge, auec des passemens d'or au dessus, & portans de barretins de peluche noire fourrez de rouge, ayant de longues plumes blanches au dessus, & menant en main deux cheuaux du Prince, qui auoient les selles toutes ouurages d'vne tres-belle broderie d'or.

Vn peu d'espace apres ceux-là, venoit à comparoistre l'excellence de ce Prince, estant au milieu du Patriarche de Hierusalem, & de l'Archeuesque de sainct Vital : estant monté sur vn des plus beaux cheuaux qui onques ayent esté veux, & lequel auoit tout d'or massif les fers, la bride, les estrieux & tous autres harnachemens.

Le Prince estāt vestu d'vn habit de couleur d'Isabelle, tissu & couuert de grosses canetilles d'or, comme encore les pendans, la ceinture, le cordon & le chapeau, tous embellis & diuisez de diamans, & d'autres pierreries des plus fines, ayant pour panache vne tres-belle masse de plumes de Heron, & ainsi sans manteau.

Monsieur de Breues venoit apres au milieu de deux arquebusiers, apres lesquels marchoient plusieurs Euesques & Prelats, au nombre de cinquante. Le Prince ayant esté salué par vn tres-grand nombre de salues d'artillerie, & par plusieurs & diuers concerts d'instrumens, & de trompettes de la garde des Suysses à sainct Pierre, & en passant du chasteau sainct Ange au pont d'Adrian: Et voire le ciel mesme voulsit estre de la partie à fauorir vne action si admirable: car en vn instant il se rasserena à l'impourueuë, monstrant par ce moyen qu'il sembloit que la veuë & la presence d'vn si braue & valeureux Prince auoit augmenté son bon-heur & & son allegresse; Aussi son excellence monstra par tout vne generosité & gentillesse vrayment digne d'vn si grand Prince, saluant vn chacun, & faisant part à tous de ceste incomparable affabilité Françoise, qui est la pierre d'Aymant, qui attire & charme en sa douceur les cœurs Italiens, & tous autres esprits où la gentillesse faict seiour. Au moyen dequoy ce Prince estoit honoré, & receu par tout auec vne generale acclamation du peuple Romain, & parmy vne ioye manifeste, & vn applaudissement en la mesme façon dont les Dictateurs, & autres Capitaines de l'antiquité estoient magnifiez & benis au iour de leurs triomphes: Aussi on entendoit resonner de toutes parts la voix du peuple qui crioit viue France.

Le Prince s'achemina ainsi en ceste pompe iusques au Palais de Ruccellay, où les deux portes principales estoient superbement ornées iusques au toict, auec de grandes armes dorées de sa Saincteté & du Roy, estans vn peu plus bas celles de l'vn & de l'autre Ambassadeur, auec telle abondance d'or, & de festons, & tant de varieté de couleurs & de deuises, y remarquant les Lis d'or fleurissans par tout, que par raison, les regardans les estimoiét de vrais arcs triõphans. Estant aussi tout le reste du Palais suffisament fourny & orné de tapisseries, & de toute autre chose necessaires au seruice du Prince & des siens, pour tout le temps qu'il demeurera à Rome. Enquoy la

diligence

diligence & industrie de l'Abbé d'Aumale ont esté notables, ayant esté commis du Prince, au soing de ces preparatiues quelques iours au parauant.

Le Prince estant enfin descendu de cheual, & arriué sur le haut de la montée, ayant remercié premierement auec toute demonstration de courtoisies tous les Seigneurs de qualité, & les Barons Romains qui l'auoient accompagné, retreuua en la salle les quatre Cardinaux, nommez cy deuant, qui estoient venus pour le voir, & pour le saluer de nouueau, ausquels ayant faict la reuerence requise, & au partir les honorant à les accompagner iusques au pied de la montée, se retira en sa chambre: La salle & les autres lieux du logis estans remplis de tant de cheualiers & de seigneurs, & c'est auec vne telle pompe de panaches, d'or, de ioyaux & de riches habits, que ce Palais sembloit esgaler les antiques honneurs du Capitole, ou bien le fabuleux Nauire des Argonautes.

Les portieres estoient haussées, & toutes les salles & chambres estoient ouuertes pour plus grande magnificence, & bien que les arquebusiers de la garde du Prince fussent aux portes, & que mesme leur Capitaine y fut, ayant en main le baston ordinaire, neantmoins il n'estoit refusé à personne de voir, de saluer, & d'entrer mesmes iusques dans la propre chambre du Prince, laquelle estoit parée d'vne tres-belle tapisserie de soye de grande valeur, & qui appartenoit à son Excellence, cōme aussi le dais, le lict, les escabeaux & la couuerte qui estoiēt de velous rouge espa[illegible]mēt bordée de large broderie de canetille d'or, comme de mesme parure estoient enrichis les susdits meubles. Il y auoit aussi deux autres dais de tres-beau drap d'or, en la sale où le cabinet de creãce estoit aussi, ou pour la multitude, grãdeur & ouurage excellēt des vases d'argent & d'or qu'ils y estoiēt rãgez; il failoit vne tresbelle & admirable montre de richesse. Ce qui montroit bien d'autant plus la magnificence de ce Prince, auquel il appartenoit, comme aussi toute autre chose d'excellēt dont la maison estoit ornee: estãt apareillee en mesme tēps en vn autre lieu voisin de ceste salle, vne tres somptueuse table, esleuee de vingt & trois estages ou posades, accommodee de toute chose auec tant de magnificence & de splendeur, que par là on connoissoit bien que les Princes de France sont autant de Rois, & qu'en ce Prince icy, la France voit assemblees toutes ses grandeurs plus illustres.

Le matin du Ieudy suiuant estant venu, auquel iour estoient destinees les solemnelles ceremonies du Consistoire publique, le Prince s'achemina vers l'Eglise de sainct Pierre, marchant au deuant de toute la garde des cheuaux legers de nostre sainct Pere, apres lesquels venoient les trois trompettes du Prince, auec les ordinaires arquebusiers à cheual, & leur Capitaine richement vestu, ayant vn gros baston d'ebene en main, de tres-belles plumes blanches au chapeau, & vne riche chaine d'or au col: & en apres quelques vns des principaux du seruice de sō Excellēce suiuoiēt en nōbre de soixãte, & au derriere marchoient les familles des susnōmez Cardinaux, apres lesquelles alloient à cheual cent cinquante Gentils-hōmes Frãçois vestus de noir, auec des broderies & piqueures tres-riches, ayãt leurs manteaux les vns fourrez de velours & les autres de peluche, auec des chaines d'or au col, les chapeaux ornez de belles enseignes de pierreries, auec de tresbeaux panaches de plumes blanches tres-fines. Quelques Seigneurs & Barons Romains venoient apres en nombre de cent, auec vne pompe extraordinaire, & apres marchoient quatre Gentils-hommes de la maison du Seigneur Ambassadeur d'Espagne. Et en suite les vingt Seigneurs François, nommez cy deuant, où pour la richesse des vestemens, la multitude des ioyaux, & la gayeté des belles plumes dont ils brilloient, ils se rendoient admirables sur tous, & attiroient sur eux la veuë de tous les regardans. Et apres venoiẽt plusieurs Ducs, Marquis, & autres Seigneurs de qualité Romains, auec des habits & des housses tres magnifiques. Entre lesquels le Duc Sforze pour honorer ce Prince & seruir sa Majesté Tres-Chrestienne, se voulut signaler en ceste action si solênelle auec des nouuelles liurees, & des habits du tout excellens. Il auoit quatorze Pallefreniers & deux Pages, qui portoient des capots de raze noire de Florence, brodez à l'entour d'vne broderie de fueillage de toille d'or & d'argent de diuerses couleurs, qui tenoit de largeur vn peu d'auantage que d'vn pan, auec de tresbeaux passemens d'or sur l'extremité de la broderie: & ayans les pourpoints de satin, & les chausses plissees de velours bleu, orné de la mesme broderie & passemens, collets parfumez & couuerts de passemens d'or, bas de soye & iartieres & nœuds d'or pur auec de soye bleuë, espees dorees, & chapeaux embellis de mesmes passemens & broderie, auec de grands panaches de plumes blanches & bleuës.

Le Duc Sforze venoit au milieu d'eux, estant vestu de chausses entieres, & d'vn collet. & la housse du cheual toute couuerte de grosse broderie de canetille d'argent, manteau de satin gauffré à plumes de paon, & doublé de toille d'argẽt, ayant au dessus vne tresriche croix de l'ordre du sainct Esprit, & quatre larges bandes à l'entour ouuragees de la mesme broderie, le pourpoint de toile d'argent, le chapeau noir encordonné de grosses perles & de Diamans, auec vne belle masse de plumes noires de d'Heron.

Le Seigneur Maurice Bresse Orateur du Roy, venoit apres, vestu d'vne longue robe de Senateur, de velours noir, & derriere marchoit la garde des Suisses de nostre S. Pere, apres lesquels marchoient les deux mores du Prince, menãt deux cheuaux en main, auec deux tresbelles housses brodees d'or, suiuis de douze Palefreniers, douze Pages, & de six Suysses, tous du seruice de son Excellence, ayãs les manteaux & les chausses de velours noir, tous bordez de larges & doubles bandes de velours rouge, couuert d'vne grosse broderie de canetille d'or, pourpoints & fourrure des manteaux, de satin cramoisi, passementé d'or, bas de soye & iartieres & nœuds de soye cramoisie aussi, leurs barrettes de velours noir, auec les cordõs tressez amplemẽt de passemẽs d'or, & ombragez de grands panaches de plumes noires & iaunes, les espees dorees ayãs les fourreaux & les pendans de velours noir. Mais toutesfois les Pages auoient au lieu de chausses plissees, celles à la façon plus commune, auec vne decoupeure & de la mesme broderie, fourrees de satin cramoisi, & aux manteaux des manches longues de velours noir, bordees à trauers de semblable broderie, les Suysses aussi estans vestus de la mesme liuree, mais à leurs habits ordinaire.

Le Prince venoit apres au milieu de l'excellent Seigneur Iean Baptiste Borgueze, & de l'Archeuesque de Zara, auec des chausses, collet, manteau, chapeau, & housse du cheual de velours rais noir, tout brodé & couuert de diuers fueillages, & agreables compositions de petis grenats noirs & de petites perles, où non seulement pour la grande valeur & rareté de l'ouurage, mais aussi pour la grãdeur & majesté qu'elles rendoient en leur obiect, on estimoit à bon droit qu'il estoit vestu tres-sumptueusement. Il auoit sept riches enseignes sur son manteau, vne autre au chapeau, où s'esgayoit encore vn tresbeau panache de plumes d'Heron, & autour du col il auoit neuf autres enseignes tres industrieusement vnies en façon d'vne chaine, lesquelles passoient la valeur de cent cinquãte mil escus. Monsieur de Breues marchoit apres son Excellence, entre deux Archeuesques, auec vne tres-grande suite d'autres Euesques, Archeuesques & Prelats.

Le Prince estant donc arriué à Sainct Pierre, & salué par le chemin par vne multitude de canonades du chasteau Sainct Ange & de la garde des suysses, monta auec les Seigneurs qui l'accompagnoient, en la grande salle des Roys, où le Pape auec tout le sacré college, & le reste de la Cour estoient desia pour le receuoir.

Sa Saincteté estoit assise en vn lieu haut & eminẽt, où l'on montoit par plusieurs petites marches couuertes de drap rouge. Le Sainct Pere estant assis ainsi en vne chaire couuerte de drap d'or rouge, & sous vn tres-riche dais de tapisserie de soye & d'or, estant vestu des ordinaires vestemens Pontificaux: l'Ambassadeur de Venise estant à la main dextre de sa Saincteté, & celuy de Sauoye en vn degré plus bas, & plus encore au dessous les deux tres excellens

Seigneurs les deux freres de sa Saincteté, & à l'autre main estoient ceux qui sont la plus noble partie de la famille, vestus de rouge, auec plusieurs Euesques, Archeuesques, Patriarches, Auditeurs de Rotte, & autres Prelats qui sont ordinaires d'assister le Pape en des solemnitez semblables. Apres en façon d'vn beau theatre estoient assis à l'entour les Cardinaux en des lieux hauts & releuez, vestus d'escarlate suiuant leur vsage.

Ce fut en ce lieu où le Prince baisa la premiere fois les pieds de sa Sainctetè, de laquelle auec vne affection paternelle il fut reçeu & embrassé, & les lettres de creance estant presentees, il presta au nom de sa Majesté Tres-chrestiéne, l'obedience qui est deüe au sainct siege Apostolique, & à sa Sainctetè. Et le Seigneur Maurice Bresse, ayant recité vne tres docte & tres-elegante Oraison, & Monsieur Strossi Secretaire des lettres Latines de sa Sainctetè, luy ayant respondu, le Prince retourna de nouueau à baiser les pieds de sa Sainctetè, comme le semblable firent tous les Seigneurs de qualité, & tous les Gentils-hommes qui estoient venus de France auec luy.

Lesquelles ceremonies furent veuës de Madame de Breues, & de la Duchesse Sforse, en compagnie de plusieurs autres grandes Dames de la Cour, dans vne gallerie qui auoit esté dressee expressement pour elles.

La ceremonie estant acheuee, & le sacré college licentié, sa Sainctetè retint à disner auec elle l'vn & l'autre Ambassadeur, les tables estans disposees comme il se dira.

Sa Sainctetè estoit sous vn tresbeau dais de damas rouge, passementé d'or, la salle estant toute ornee de la mesme parure, & sa Saincteté estant vestuë de blanc, & seule aupres d'vne petite table. Et là aupres à main gauche, mais pourtant au milieu de la salle, & vn peu plus bas, estoit dressee vne autre petite table, où estoient assis le Prince & Monsieur de Breues : ou durant le disner qui vrayement fut du tout esplédide, ils iouïssoient de l'harmonie qui partoit de diuers concerts d'instrumens, & de musique, faits par les maistres chantres du Pape en vne chambre voisine, ayant sa saincteté plusieurs fois auec d'extraordinaires signes de courtoisies, presentee à l'vn & à l'autre d'iceux.

Les tables estans leuees, & sa Saincteté faisant aprocher de soy ces tres-illustres Seigneurs, l'etretint enuiron vne heure à parler auec eux familierement de diuerses choses, & c'est auec tant de douceur & d'affabilité, qu'ils en demeurerent tres-satisfaicts, comme de mesme toute ceste ville est demeuree & demeure satisfaite auec tous les Seigneurs de qualité, des honneurs & fauorables accueils qu'ils ont receus de ce Prince. Bien que pour la varieté des ceremonies & complimens, & de la diuersité des tiltres & des presences, le fil d'Ariadne soit bien souuent necessaire de celuy qui traicte quelque chose de grād en ceste Cour.

Or pour euiter l'ennuy d'vn trop long discours, nous laisserons en arriere de faire la descriptiō des liurees des laquais, pages, & estaffiers des gentils-hōmes & seigneurs Frāçois, nous suffisant sulemēt pour satisfactiō de ceux qui liront cecy, de dire, qu'il n'y a pas eu Gētilhōme qui n'eust aumoins deux ou trois laquais à son seruice, & plusieurs en auoient quatre, & d'autres six, & ainsi des deux autres sortes des sufdits gens de seruice, qui paroissoient tous brillans & admirables pour la varieté des broderies & des couleurs dont ils estoient tres-noblemēt vestus. Et en fin ie diray aussi auec le vray, qu'en ce triomphe si solemnel, les Seigneurs & Gentils-hommes François ont comparu pour le moins en nombre de quatre cens.

Il faut donc conclurre que la magnificence de la maison & les despens ordinaires de ce Prince sont de telle sorte, & que les richesses, & la valeur des tapisseries, vestemens, argenteries, & ioyaux sont en si grāde multitude, & telle la qualité des Gētils-hōmes qui le seruent, outre que pour le mesme effait, les gardes des Suysses, & d'arquebusiers, les Capitaines, les musiques d'instrumens & de voix, & les Officiers au double à la mode des Roys, que y admire il se voit bien clairement que la France, aussi bien qu'autre-fois l'Italie possede maintenant des Cesars, des Crassus, & des Lucullus, & que ce Prince est vrayement digne d'estre Ambassadeur de HENRY.

FIN.

BIBLIOTHÈQUE IMPÉRIALE

www.ingramcontent.com/pod-product-compliance
Ingram Content Group UK Ltd.
Pitfield, Milton Keynes, MK11 3LW, UK
UKHW020451220726
13923UKWH00005B/2470

9 782019 228002